AF382942

Analyse de l'œuvre
Par Natalia Torres Behar

Une maison de poupée

d'Henrik Ibsen

Rendez-vous sur lepetitlitteraire.fr et découvrez :

Plus de 1200 analyses
Claires et synthétiques
Téléchargeables en 30 secondes
À imprimer chez soi

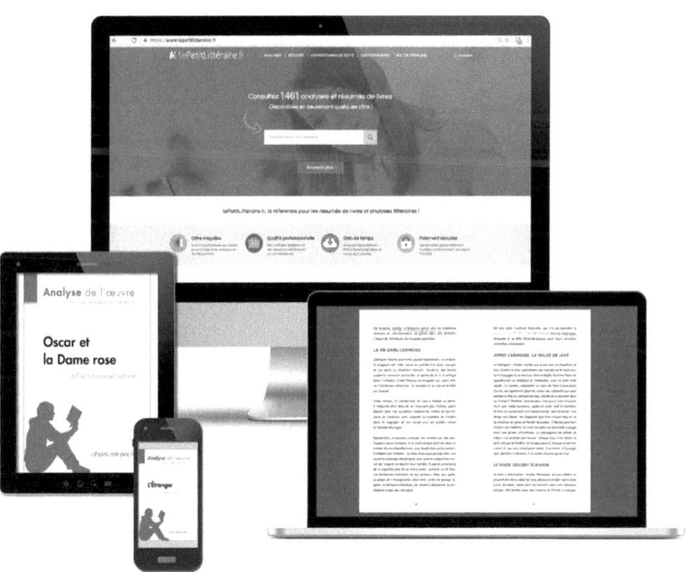

HENRIK IBSEN

LE PÈRE DU THÉÂTRE MODERNE

- **Né en 1828 à Skien (Norvège)**
- **Décédé en 1955 à Christiana, aujourd'hui Oslo (Norvège)**
- **Quelques-unes de ses œuvres :**
  - *Brand* (1865), pièce de théâtre
  - *Un ennemi du peuple* (1883), pièce de théâtre
  - *La Canard sauvage* (1884), pièce de théâtre
  - *Solness le constructeur* (1892), pièce de théâtre
- **Distinction :**
  - Chevalier de l'Ordre de Vasa (1873)

Henrik Ibsen nait dans un petit village sur le littoral norvégien au sein d'une famille prospère de commerçants. Bien que sa famille soit l'une des plus riches et connues de Skien, elle est obligée de quitter sa maison et déménager vers un lieu plus modeste lorsque le père d'Ibsen, qui est alors âgé de sept ans, perd sa fortune. Ce bouleversement marque profondément Ibsen qui créera dans ses œuvres plusieurs personnages souffrant de la pauvreté.

Ibsen échoue à ses examens et ne peut donc pas entrer à l'université. Il décide alors de se consacrer à l'écriture dès l'âge de 18 ans. Ses premières œuvres cependant, publiées en 1850 sous un pseudonyme, ne rencontrent que peu de succès et il faut attendre quelques années avant qu'il acquière une certaine renommée. Il fait donc face, dans sa jeunesse, à de nombreuses difficultés économiques. Déçu par son pays natal, il décide de partir pour l'Italie, puis l'Allemagne où il écrit la majeure partie de son œuvre et connait une notoriété internationale.

27 ans après son exil, Ibsen revient dans son pays natal où il est vu comme un dramaturge reconnu mais controversé. Il réécrit les règles du théâtre par le biais du réalisme qu'il est encore possible de voir dans les œuvres proposées de nos jours. Ce mouvement vise à remettre en question ce que le spectateur tient pour acquis et parler de façon indirecte de thèmes moralement complexes faisant du théâtre plus qu'un simple divertissement.

Ibsen est aujourd'hui considéré comme le dramaturge le plus important depuis Shakespeare, et
ses œuvres, en particulier *Une maison de poupée*,
sont les plus représentées au monde après celle
du dramaturge britannique.

UNE MAISON DE POUPÉE

UNE VIE SUR LA ROUTE DE LA DESTRUCTION

- **Genre :** théâtre réaliste
- **Édition de référence :** *Une Maison de Poupée*, Paris, Le Livre de Poche, 2002, 156 p.
- **Première édition :** 1879
- **Thématiques :** condition de la femme, poids du passé, morale et justice

Pour beaucoup, *Une maison de poupée* est considérée comme une pièce de théâtre pionnière du féminisme. Elle raconte l'histoire d'une femme, Nora, qui rompt avec les traditions de son temps pour sauver la vie de son mari, Torvald. Désespérée par leur pauvreté et la maladie de son époux, elle s'élève contre les lois économiques selon lesquelles une femme mariée ne peut pas demander un prêt sans l'autorisation de son mari et parvient à ses fins. Ayant réuni suffisamment d'argent qu'elle prétend avoir obtenu de son père, Nora emmène son mari en Italie. Plusieurs années plus tard, lorsque Torvald apprend comment son épouse a obtenu l'argent, il laisse éclater sa rage et son dégout et même s'il lui pardonne après coup, le mal est fait. Nora décide de quitter son mari, abandonnant ses enfants, pour trouver les réponses aux grandes questions de la vie.

Même si le caractère féministe de la pièce est valide, *Une maison de poupée* est une pièce qui va au-delà de cette simple lecture et qui propose de nombreuses interprétations. S'il est possible, au début de la pièce, de la voir comme une histoire simple et linéaire qui traite d'un mariage traditionnel, nous découvrons au fil de l'histoire, que cette simplicité et ce bonheur sont construits sur de petits secrets, des omissions et des non-dits. Nous prenons alors conscience qu'il s'agit d'une œuvre monumentale qui traite du poids du passé, de la morale, de la justice et des apparences trompeuses.

Une maison de poupée est tirée d'une histoire vraie, celle de Laura Petersen Kieler, une amie d'Ibsen qui falsifia un chèque pour sortir de la dette qu'elle avait contractée pour payer le traitement de son mari. Quand celui-ci s'en rendit compte, il laissa éclater sa rage et fit publiquement part de son mépris pour son épouse, la traitant de criminelle avant de la faire interner dans un hôpital psychiatrique.

RÉSUMÉ

LES PREMIÈRES ANNÉES DU MARIAGE HELMER

Nora, une femme frivole et superficielle qui a toujours été traitée comme une petite fille sans défense, épouse Torvald, un homme protecteur et aimant. Peu après le mariage, alors qu'elle attend son premier enfant, elle apprend d'un ami et docteur de la famille, le Dr. Rank, que son mari est gravement malade et que le seul moyen de le sauver est de partir s'installer dans le sud. Angoissée, Nora ne sait que faire car elle ne veut pas inquiéter son mari mais sait que quitter le pays implique une immense somme d'argent que le couple ne possède pas.

Elle décide donc de se rendre chez un avocat douteux, Krogstad, pour lui demander un prêt. Même si la loi veut qu'une femme mariée ne puisse pas réclamer ce genre de prêt sans l'autorisation de son époux, l'avocat accepte d'accéder à sa requête à la condition que son père signe un billet à ordre, synonyme de promesse de remboursement. Le père de Nora étant sur le point de mourir, elle décide de ne pas le déranger avec des questions d'argent et falsifie sa signature.

Nora obtient donc le prêt et sauve la vie de son mari qui reste persuadé que c'est bien le père de son épouse qui leur a prêté cet argent. Pendant huit ans, Nora travaille en cachette, traduisant des documents et cousant tout en réclamant de l'argent à son mari sous prétexte de s'acheter des vêtements pour en réalité rembourser sa dette.

UNE FORTUNE RETROUVÉE

C'est à ce moment-là, huit ans plus tard donc, que débute la pièce. Nora est heureuse, son mari a été promu à un bon poste à la banque et se permet de croire à une vie plus confortable : ils iront à la mer, voyageront et vivront dans une belle maison. Elle pourra surtout finir de payer sa dette et se sentir à nouveau légère et insouciante. Elle décide alors d'organiser une magnifique fête de Noël pour ses trois enfants, son mari et le docteur et grand ami de la famille, aidée par sa servante et la nourrice.

Le jour venu, Kristine, une vieille amie de Nora, fait son apparition. Elle a traversé beaucoup de difficultés et, ayant entendu parler de la bonne fortune de Nora, vient lui demander de l'aide : elle souhaite que Torvald lui trouve un travail car sa vie n'a plus de sens et qu'elle souhaite travailler pour se distraire. Nora demande cette faveur à son mari qui, toujours désireux de satisfaire son « petit oiseau », accepte de trouver un poste à Kristine.

Engager Kristine induit toutefois une contrepartie : renvoyer Krogstad, l'avocat. Celui-ci, ayant compris ce qu'il se tramait, va parler à Nora du plan de son mari visant à le faire renvoyer et la menace de tout lui raconter à propos du prêt si ce plan est mis à exécution. Il déclare qu'il sait que les dates du billet à ordre qu'elle a signé des années auparavant ne correspondent pas et qu'elle a contrefait la signature de son père. Elle comprend donc que s'il parle, ses problèmes ne seront pas seulement domestiques mais aussi juridiques et que la loi n'accorde aucun intérêt aux bonnes intentions ou aux motivations quelles qu'elles soient.

Nora se résout donc à protéger l'avocat et à convaincre son mari de ne pas le renvoyer. Mais malgré ses demandes à répétition et le fait que son mari veuille toujours lui faire plaisir, il ne peut accepter : l'avocat est un homme corrompu qui a contrefait une signature quelques années plus tôt et continue ses malversations.

Durant le réveillon et les fêtes de Noël, Nora est préoccupée, elle se demande si l'avocat est réellement capable de tout révéler et Kristine comprend qu'il se passe quelque chose. Nora ne trouve pas d'autre solution que de tout raconter à son amie qui promet alors d'aller parler à Krogstad.

C'est le moment que choisit le docteur pour faire son entrée. Il annonce à Nora qu'il est souffrant et sur le point de mourir. Nora tente de lui remonter le moral en plaisantant mais le médecin est déprimé et nostalgique. Il lui dit que la seule chose qui pourrait lui remonter le moral serait de leur laisser, à Torvald et elle-même, une preuve de son affection. Nora lui fait donc comprendre qu'elle a besoin d'argent, ce à quoi le médecin répond à demi-mots qu'il est prêt à tout pour elle car il est amoureux d'elle depuis toujours. Nora s'en offense, même si elle admet s'être laissée flatter plusieurs fois et le rejette.

Krogstad, désormais au courant que son renvoi sera bel et bien effectif malgré ses menaces, revient voir Nora et lui dit qu'il ne lui rendra pas le billet à ordre qui marque le remboursement de sa dette, que l'argent ne l'intéresse pas, qu'il tient seulement à sauver sa réputation et son travail et que l'unique façon d'y parvenir est de rester aux côtés de Torvald. Il dépose donc une lettre dans la boite aux lettres de celui-ci.

LA CRISE ET LA FUITE

Nora est prise de panique et tente de distraire son mari qui lui promet que pendant la fête qu'ils organisent jusqu'au lendemain, il se concentrera uniquement sur elle et n'ouvrira pas le courrier.

Pendant les festivités, Kristine s'entretient avec l'avocat. Nous comprenons alors qu'il est amoureux d'elle depuis toujours mais qu'elle a refusé de l'épouser parce qu'elle avait besoin de se marier avec un homme riche pour subvenir aux besoins de sa famille. Mais bien des années ont passé ; tous deux ont vieilli et sont célibataires, ils peuvent recommencer une relation. Krogstad demande alors Kristine si elle fait cela pour son amie, pour qu'il récupère sa lettre et accepte de garder le secret. Elle lui répond que si c'était effectivement son but au début de leur conversation, elle est désormais non seulement convaincue qu'elle veut partager sa vie mais également que Torvald doit apprendre la vérité car un mariage fondé sur des mensonges n'est pas sain.

Kristine conseille donc à Nora de tout avouer à son mari et lui assure que l'avocat ne s'en mêlera pas si elle le fait d'elle-même et qu'elle pourra ainsi s'en débarrasser pour toujours. Si elle décide en revanche de garder le secret, la lettre de Krogstad se chargera de tout révéler à Torvald. Nora prend la décision de ne rien dire et pense à fuir mais son mari découvre la vérité et, furieux, la contraint à tout lui raconter. Après leur dispute, Torvald se plaint de sa mauvaise fortune et du châtiment qu'il subit en vivant avec une telle femme :

> « J'aurais dû me douter que ce genre de choses arriverait, j'aurais dû le prévoir. La légèreté de ton père, son absence de principes… Tais-toi ! Tu

en as hérité. Pas de religion, pas de morale, pas de sens du devoir. Oh, je suis bien puni d'avoir fermé les yeux sur sa conduite. C'est pour toi que je l'ai fait ; et voilà comment tu me récompenses [...]. Tu as détruit tout mon bonheur. Tout mon avenir, tu l'as anéanti. » P.122,

Le couple reçoit alors une lettre de l'avocat disant qu'il s'excuse de tout, que sa vie a pris un virage merveilleux et qu'il ne tentera plus de leur nuire. En plus de la lettre, l'enveloppe contient la reconnaissance de dette. Ils sont sauvés. Torvald est soulagé et déclare à Nora qu'ils peuvent tout oublier, qu'il lui a pardonné et que les paroles qu'il a prononcées n'étaient dues qu'à la peur.

Mais le mal est fait, quelque chose a changé en Nora. Elle lui annonce qu'il faut qu'ils discutent, qu'ils aient la première conversation sérieuse de leur vie. Elle lui dit que lui, comme le faisait son père, n'a eu de cesse de la mépriser et n'a jamais pris la peine d'essayer de la comprendre, que l'un comme l'autre la voyait comme une poupée qui les distrayait et les divertissait et qu'ils sont la raison pour laquelle elle se sent inutile. En outre, son mariage est devenu une maison de poupée, un jeu. Elle réalise maintenant qu'elle doit grandir et apprendre, mais également le quitter parce qu'elle doit découvrir par elle-même qui elle est vraiment. Les obligations qu'elle a envers son mari et ses enfants passeront donc après celles qu'elle a envers elle-même.

Elle s'est finalement rendue compte qu'elle ne l'aimait pas mais qu'elle le trouvait différent. Au fond d'elle, Nora espère que Torvald réalisera un jour le sacrifice qu'elle aura fait pour lui et qu'il lui en sera reconnaissant. Mais dans au moment de la crise, Torvald ne se préoccupait que de son honneur et une fois le danger passé, tout était redevenu comme avant : elle n'avait pas changé à ses yeux, elle restait un « délicat petit oiseau ». Nora ne peut plus le supporter, elle ne peut rester avec un homme qui est devenu un parfait inconnu. Elle part.

FIN ALTERNATIVE

Une maison de poupée possède une fin alternative. L'agent d'Ibsen en Allemagne considérait que la fin originale serait mal vue dans ledit pays et l'obligea donc à ré-écrire une fin où Nora ne partait pas mais, effondrée, était soutenue par ses enfants et finissait par s'évanouir avant que le rideau se baisse. Des années plus tard, Ibsen déclarera que cette fin était une honte et une barbarie. C'est la raison pour laquelle presque toutes les mises en scènes d'aujourd'hui, ainsi que toutes les adaptations au cinéma, sont fondées sur la fin originale.

ÉTUDE DES PERSONNAGES

NORA

C'est une femme charmante, blanche et assez petite aux mains délicates. Elle est très superficielle, imprudente et stupide. Lorsque Kristine lui raconte ses déboires, elle ne voit aucun problème à lui parler de son bonheur et de sa bonne fortune, sans prêter attention à la gêne et au mal qu'elle fait à son amie. Elle est également infantile et frivole, elle s'amuse par exemple énormément lorsqu'elle joue avec ses enfants Ivar, Bob et Emmy et se comporte souvent comme eux. Elle gaspille l'argent durement gagné par son mari et adopte une attitude consentante et capricieuse. C'est pour ces raisons que tout le monde la trouve quelque peu inutile.

Son personnage est en réalité beaucoup plus complexe. Nora n'est pas stupide et est même capable de mentir et de manipuler. Elle est si intelligente qu'elle parvient à cacher quelque chose à son mari pendant plusieurs années et réussit, petit à petit, à rembourser la dette qu'elle a contractée pour lui sauver la vie. Pendant huit ans, elle se fera passer pour une demoiselle en détresse afin de manipuler son mari.

Nora est le personnage principal de la pièce. Elle dirige tout et tout le monde à sa guise, du moins jusqu'à ce que le secret soit révélé. Elle vit à ce moment-là un changement profond et, réalisant qu'on la méprise depuis toujours, décide que le moment est venu pour elle d'apprendre et de découvrir sa vraie nature sans dépendre d'un homme : ni de son père, ni de son mari.

TORVALD

Il est intelligent, juste et honnête mais peut aussi se montrer pédant et mesquin. En étant promu à la tête de sa banque, il obtient tout ce qu'il a toujours mérité. Il aime profondément son épouse Nora et la gâte beaucoup, il cède à tous ses caprices mais la traite comme une enfant. En raison de son amour sans limite pour sa femme, il est à sa merci et se laisse facilement manipuler. Nous découvrons rapidement qu'il s'agit en outre d'un homme légèrement fermé qui ne se rend pas compte de ce qu'il se passe et qui, très occupé par son travail, ne prête jamais attention à Nora.

KRISTINE LINDE

Kristine est une amie d'enfance de Nora. Elle est veuve et n'a pas d'enfants. Lorsqu'elle arrive chez les Helmer, Nora ne la reconnait pas tout de suite car elle apparait vieille, épuisée et maigre. Nous apprenons que son apparence est due aux déboires qu'elle a connus ces dernières années, à l'inverse de ce que nous pensons de Nora au début. Elle s'est mariée à un homme qu'elle n'aimait pas afin d'aider sa mère et ses frères et maintenant que celui-ci est mort, elle doit trouver du travail parce qu'elle n'a plus rien.

C'est une femme forte et fière qui retrouve son amour d'enfance, l'avocat Krogstad, et décide de lui accorder une seconde chance. Ils sont finalement les seuls de la pièce à connaitre une fin heureuse.

KROGSTAD L'AVOCAT

Après un mariage malheureux, mais qui lui a donné beaucoup d'enfants, Krogstad est à présent veuf. On le dit corrompu parce qu'il a commis une erreur dans le passé en falsifiant quelques signatures et il en sera marqué à jamais. Il tente désormais de sauver son honneur en travaillant avec ardeur, mais l'arrivée de Torvald à la banque et la décision de ce dernier de le renvoyer bouscule tous ses plans. Alors qu'il essaie, au début, de profiter de la dette que Nora a contractée, il décide finalement, suite à ses retrouvailles avec Kristine, l'amour de sa vie, de pardonner à Nora et de les laisser tranquilles, elle et son époux.

DOCTEUR RANK

Ami de longue date de la famille Helmer, millionnaire sans héritier, c'est le confident de Nora et Torvald qui ont tous deux pleinement confiance en lui. Il est atteint de syphilis, une maladie que son père lui a transmise avant sa naissance, mais nous ne l'apprenons que par le biais de suggestions et de réponses évasives. Il a toujours été amoureux de Nora même s'il ne le lui confie qu'à la fin, lorsqu'il se sait sur le point de mourir. La dernière chose que nous saurons de lui est qu'il s'est enfermé chez lui pour mourir.

CARACTÉRISTIQUES DE L'ŒUVRE

GENRE : LE THÉÂTRE RÉALISTE

Le réalisme est un courant littéraire né en réaction au romantisme. Sa caractéristique principale est l'étude et la représentation fidèle de la réalité, et plus particulièrement de la réalité sociale. À la différence du romantisme, qui se concentre sur un individu en particulier et ses émotions, le réalisme traite d'un personnage et de son destin pour rendre compte d'une réalité sociale contemporaine plus générale. C'est la raison pour laquelle le réalisme cherche à être plus objectif et descriptif et tente de décrire le contexte historique dans lequel se déroule l'action. Le réalisme présente, en outre, une critique ou une dénonciation des maux qui frappent la société. Ibsen est d'ailleurs considéré comme le père du réalisme au théâtre.

Une maison de poupée dresse donc une critique de cette société victorienne, héritière de la Révolution française (qui a pourtant oublié ses principes de liberté, égalité et fraternité) où seuls importent le pouvoir, le statut social et le rôle de chaque sexe, une société fausse et hypocrite qui se préoccupe davantage des apparences et du qu'en dira-t-on que d'une conduite morale décente. Ces bourgeois, qui ont autrefois participé à la Révolution, s'attriste Ibsen, sont aujourd'hui ceux qui défendent avec le plus de véhémence leur statut et leur argent : la liberté individuelle et la politique ne les intéressent déjà plus, seule l'économie compte. Ils ont abandonné les idéaux de la Révolution et il existe une dichotomie immense entre l'idéologie et la pratique.

C'est pour cela que la pièce d'Ibsen reprend quelques-uns des thèmes fondamentaux de cette société et les critique fermement tout en tentant de faire passer un message moral universel. Ibsen analyse et étudie avec attention le mariage, la famille, les relations hommes-femmes et les problèmes de propriété pour démontrer leur absurdité et leurs contradictions avec les valeurs de liberté et de vérité qu'il défend et que les bourgeois sont également supposés défendre. Pour ces mêmes raisons Ibsen est un féministe car il se sent concerné par la condition de la femme dans la société. Nous développerons ce thème un peu plus tard.

FORME : LE PRINCIPE DE L'ICEBERG

Tel que l'affirmait Ignacio García May dans son prologue d'*Une maison de poupée*, Ibsen anticipe une technique littéraire qu'Hemingway appellera, quelques années plus tard, le principe de l'iceberg. Quelle est donc sa signification ? Il s'agit d'une corrélation entre un iceberg, dont on ne voit que la petite partie émergée et dont le reste (la majeure partie) reste immergé, et certains textes littéraires. Au début de l'histoire, il nous est seulement possible de comprendre une partie restreinte des significations et des sens de l'œuvre car le reste demeure caché s'il ne fait pas l'objet d'une lecture vraiment attentive.

Cette lecture est sans aucun doute très pertinente pour le cas d'*Une maison de poupée*. Sous son apparente simplicité, sa forme traditionnelle et sa division classique en trois actes, l'histoire linéaire et claire d'un quelconque mariage bourgeois cache de nombreuses choses qu'il est impossible de voir de prime abord. Lorsque la lecture débute, nous pensons découvrir l'histoire d'un couple et de ses enfants, mais nous découvrons rapidement que sous le vernis apparent du bonheur et d'une vie simple, le couple cache des secrets et des mystères qui font de tout cela une mascarade et qui débouchent finalement sur la fin de cette vie. Toutes les forces en tensions sous-jacentes finissent par tout faire s'écouler. Ces forces en tensions, comme le dit García May, sont caractéristiques du style ibsénien : un secret du passé ressurgit soudainement et révèle de vieilles histoires enfouies.

LANGAGE : INSINUER ET OMETTRE

Au regard de ce que nous avons abordé, il convient à présent de parler du langage utilisé dans cette œuvre. Comme le souligne García May, la langue du théâtre diffère totalement de la celle de la littérature à proprement parler de par sa nature plus ambigüe et dangereuse. Étant délivré sur scène, le discours peut en effet changer de sens du simple fait de l'adoption d'un ton particulier ou d'un geste inattendu.

Ibsen le sait très bien et c'est pourquoi ses pièces de théâtre abandonnent la rhétorique habituelle du XIXe siècle qui consiste à déclamer de longs textes descriptifs pour introduire ce que l'on appelle le « sous-texte ». Il s'agit d'un contenu qui n'est pas énoncé explicitement mais qui transparait tout de même et confère au discours une plus grande richesse de sens.

Le langage d'*Une maison de poupée* est donc indirect, évasif et plein de mensonges. Les choses ne sont pas clairement énoncées mais insinuées comme pour le cas de la maladie du Dr Rank, qui n'est pas nommée explicitement. Nora déclare seulement :

« Mais il souffre d'une très grave maladie. Une affection de la moelle épinière, le pauvre. Je vais te dire, son père était un répugnant personnage, qui avait des maîtresses et j'en passe ; et c'est pourquoi le fils a, dès l'enfance, contracté la maladie, tu comprends ? » (Ibsen)

En outre, lorsque le docteur lui annonce qu'il est sur le point de mourir, il dit seulement qu'« il n'y a rien à faire » et qu'il en a « la certitude absolue » bien qu'il ne précise pas le sujet de cette certitude mais laisse au lecteur le soin de déduire qu'il s'agit de sa mort à venir.

Le même ton est adopté pour parler du père de Nora, que les insinuations décrivent comme un homme indécent et corrompu. De même, lors de conversations entre Kristine et Nora, il nous est possible de saisir des allusions au fait que le docteur a pu être l'amant de cette dernière même si cette hypothèse n'est ni confirmée, ni infirmée par la suite.

STYLE : TOUJOURS SURPRENDRE LE LECTEUR

Comme nous l'avons vu dans les paragraphes précédents, cette pièce de théâtre possède plus de lectures et de sens que ce que l'on pense à première vue. Dans *Une maison de poupée*, rien n'est ce qu'il paraît être et toute histoire possède un côté sombre : le mariage heureux de Nora et Torvald est un théâtre bâti sur des mensonges, le réveillon de Noël n'est pas cette fête traditionnelle mais la nuit durant laquelle la vie des personnages telle que nous la connaissons vole en éclats et enfin, la vie bourgeoise est en réalité complexe et pleine de secrets.

En outre, les personnages sont inhabituels. Ils ne rentrent pas dans des moules et ne correspondent pas à des archétypes. Nous ignorons, par exemple, si Kristine agit réellement dans l'intérêt de son amie ou si elle souhaite que la vérité soit révélée pour se venger. L'avocat Krogstad ne présente pas les caractéristiques du personnage méchant type, mais se révèle être en réalité le plus franc et honnête de tous. Nora, de son côté, n'est pas femme traditionnelle de la haute société, ni une fervente féministe, elle évolue tout au long de l'œuvre et se situe quelque part entre ces deux modèles.

Il convient donc de dire que cette pièce ne cesse de surprendre le lecteur ou le spectateur et le mène à s'interroger sur ses croyances et ses suppositions. Il est difficile de ranger cette œuvre dans une case, chacune de ses pages apporte une nouveauté, un bouleversement qui déconcerte et transforme la perspective.

ANALYSE DES THÈMES ET CLÉS DE LECTURE

LA CONDITION DE LA FEMME

Comme nous l'avons dit plus haut, l'une des lectures les plus courantes de cette pièce de théâtre est la perspective féministe. Si le titre de ce paragraphe ne renvoie cependant pas explicitement à ce mouvement, c'est parce que, comme de nombreux critiques l'ont fait remarquer, le féminisme présumé d'Ibsen est lié à d'autres luttes et préoccupations qui l'ont suivi toute sa vie : la cause socialiste et la cause humaine en général, c'est-à-dire l'égalité et la liberté de tous les êtres humains. Dans *Une maison de poupée*, ces êtres humains sont les femmes qui vivent dans l'oppression constante.

Il n'est pas anodin, dès lors, que presque toute la pièce se déroule au sein de la maison, espace privé associé, de fait, à la figure de la femme. Ses occupations se résument à s'occuper du foyer et des enfants, préparer le dîner et les festivités, pas plus. L'économie et la politique sont réservés aux hommes, chargés de subvenir aux besoins de leur famille.

Dans sa pièce, Ibsen montre la façon dont les femmes sont jugées par la loi des hommes alors même qu'elles se trouvent exclues de l'organisation de la société. Elles ne peuvent pas, par exemple, être propriétaires ou obtenir un prêt, mais sont jugées comme le serait un homme si elles commettent un délit. C'est d'ailleurs exactement ce qu'il se passe pour Nora qui commet un délit du fait de son exclusion de la société imaginée par les hommes mais doit finalement répondre de ses actes selon les lois en vigueur.

Ibsen dresse ainsi le portrait de ces injustices et inégalités si problématiques qui infantilisent et inutilisent la femme. Ce sont ces injustices qui ont levé le voile sur la fausseté des principes révolutionnaires de la bourgeoisie, sur le fait que l'égalité, la liberté et la fraternité ne sont en réalité réservées qu'à certaines personnes.

Le moment le plus féministe de la pièce est sans doute son dénouement, lorsque Nora décide de quitter son mari et ses enfants pour partir à la découverte d'elle-même. C'est uniquement à ce moment-là que l'idée que le lecteur s'est fait d'elle change, passant d'un petit oiseau sans défense à une femme forte et indépendante qui prend ses propres décisions. Ce sentiment nous est toutefois présenté tout au long de l'œuvre, de façon implicite, lorsqu'elle contracte une dette pour sauver son mari, ce qui lui procure en outre un certain plaisir, celui de travailler et gagner de l'argent ce qui lui donne l'impression d'être aussi capable qu'un homme.

La différence entre le moment où Nora contracte sa dette et celui où elle décide de partir est toute simple : la première décision est liée à son mari. Plus encore, sa décision de ne rien lui dire découle de sa peur de lui faire perdre cette virilité à laquelle les hommes tiennent tant et de son envie de le protéger car personne, surtout maintenant qu'il obtenu une promotion, ne doit savoir qu'il s'est laissé aider par sa femme. Sa décision finale, en revanche, est prise pour elle-même : elle comprend enfin que son corps et son esprit lui appartiennent et décide de découvrir sa vraie nature.

LE POIDS DU PASSÉ

Comme nous l'avons rapidement dit un peu plus tôt, cette pièce de théâtre est fondée sur l'une des structures préférées d'Ibsen : un secret enfoui depuis longtemps ressurgissant soudain pour réclamer son dû. Dans cette œuvre, les mensonges du passé, qui semblent pourtant complétement oubliés, remontent à la surface des années plus tard et font voler en éclat une famille d'apparence heureuse. *Une maison de poupée* est donc une œuvre qui traite des conséquences à court ou très long terme de nos actions et nos mensonges quoi que nous fassions, parce que ceux-ci trouvent toujours un moyen de ressurgir. Mais étant donné qu'il s'agit d'une critique réaliste de la société bourgeoise, il est possible de voir cette œuvre comme une remise en question des valeurs et pratiques d'une société qui ment et qui se ment.

Selon García May, le fond du problème ne réside pas dans le fait que Nora soit un jouet enfermé dans une maison de poupée construite par Torvald, mais plutôt que les deux soient piégés dans cette maison comme des enfants. Aucun des deux ne veut réellement assumer le passé, ni lui, ni elle n'a souhaité voir plus loin que le bout de son nez et personne ne tient à assumer ses responsabilités. Ils se comportent comme des enfants qui pensent que garder des secrets permettra de vivre heureux pour toujours : Nora n'admets pas le délit qu'elle a commis et Torvald accepte très bien de ne pas s'interroger davantage sur les moyens employés par sa femme pour le sauver. Il accepte simplement les explications qu'elle lui donne sans poser plus de questions malgré l'étrangeté de la situation.

L'unique conséquence logique est donc la destruction de ce monde construit sur des tromperies, des mensonges et des omissions. Ibsen semble nous dire que la vie n'est pas un conte de fée qui se termine bien où tout problème a sa solution et qu'il n'est possible de devenir adulte qu'une fois cette leçon apprise.

MORALE ET JUSTICE

Une maison de poupée n'est pas seulement une pièce de théâtre féministe ou un récit qui traite du poids du passé, mais également une œuvre abordant le bien et le mal et la façon dont la loi, malgré ses velléités de rétablir la vérité et la justice, se révèle souvent source de problèmes et d'oppressions. Il s'agit, en outre, d'une œuvre dont les personnages possèdent différents points de vue quant au bien et au mal. Ils essaient donc tous d'agir en fonction de leur vision de cette dualité, chacun d'entre eux comprenant la loi à sa façon.

Nora, par exemple, fait ce qu'elle fait par amour et pense que ce sentiment justifie ses actes comme il est possible de le voir lors de ses conversations avec Krogstad :

> « Krogstad. [...] Ce n'était ni mieux ni pire, ce que j'ai fait jadis, et ce fut socialement ma ruine.
> Nora. [...] Voulez-vous me faire croire que vous auriez accompli un acte de bravoure pour sauver la vie de votre femme ?
> Krogstad. La loi ne s'enquiert pas des intentions.
> Nora. Alors c'est que la loi est mauvaise.
> Krogstad. [...] si je produis ce papier en justice, vous serez condamnée selon la loi.
> Nora. Je n'en crois absolument rien. Une fille n'aurait pas le droit d'épargner à son vieux père à l'agonie inquiétudes et angoisses ? Une femme n'aurait pas le droit de sauver la vie de son mari ? » (Ibsen)

Nora, assez naïvement, peut-être du fait de son infantilisation, comprend la loi comme une obligation de fidélité et de loyauté envers son époux. Elle respecte une loi plus importante, celle de l'amour et des promesses faites quand elle s'est mariée. C'est peut-être pourquoi elle joue parfois l'idiote alors qu'il n'en est rien. Nora croit que ses sont actions justifiées et que la loi, si elle était juste, serait bienveillante envers elle. Elle ne maitrise pas bien les lois mais pense que son éthique et sa morale sont saines et sauves parce que ses actions étaient motivées par de bonnes intentions : selon elle, la fin justifie les moyens.

Pour l'avocat Krogstad, la loi signifie autre chose, il l'observe d'un point de vue plus littéral. D'après sa définition, Nora, tout comme lui, a commis un délit et doit assumer ses responsabilités et accepter sa punition. Krogstad sait que les lois n'ont que faire des bonnes intentions et qu'en remettant la reconnaissance de dette à la justice, il condamnera non seulement Nora mais également ment son mari car il devra lui aussi répondre des actes de sa femme. Il décide finalement de ne rien faire qui pourrait porter préjudice au couple car sa romance avec Kristine efface tout le reste.

Il est donc possible de déduire qu'il comptait plus agir par vengeance que par désir de justice et que la recherche de son honneur perdu était en réalité celle de son amour perdu.

Selon Torvald enfin, la loi possède un sens de plus. D'après lui, il ne s'agit pas tellement d'une affaire de loyauté ou de châtiment mais davantage de tradition, de ce qui est acceptable ou non par ses contemporains. Le plus grand problème qui découle de l'action de Nora est que son honneur est mis en jeu et que l'opinion publique et le qu'en dira-t-on comptent énormément pour lui.

Nous pouvons donc affirmer qu'Ibsen souhaite nous montrer pourquoi la morale et la justice ne vont pas toujours de pair car ces valeurs sont perméables aux lois instaurées par les hommes, lois souvent injustes et inéquitables qui jugent de la même façon hommes et femmes, alors mêmes qu'elles établissent en amont une distinction entre les sexes. C'est la raison pour laquelle nous pouvons dire que cette œuvre remet en question la portée des lois, leurs relations avec notre morale, ce que nous jugeons bien ou mal et le questionnement suivant : la fin justifie-t-elle les moyens ?

PISTES DE RÉFLEXION

QUELQUES QUESTIONS POUR AP- PROFONDIR SA RÉFLEXION...

- Pourquoi peut-on dire qu'il s'agit d'une pièce caractéristique du théâtre réaliste ?
- Pourquoi croyez-vous que cette pièce ait tant fait polémique à son époque ? Citez au moins trois éléments susceptibles d'avoir créé cette polémique.
- Dans quelle mesure et à quel point *Une maison de poupée* est-elle une pièce féministe ? Justifiez votre réponse.
- Quel rôle joue le Dr Rank dans la pièce ?
- Donnez des exemples de moments de la pièce où les choses ne sont pas dites explicitement mais insinuées par le biais de phrases évasives ou indirectes.
- Quelle est la relation entre moralité et justice selon Ibsen ? Vont-elles toujours de pair ?
- Pourquoi croyez-vous que toute la pièce se déroule au sein d'une maison ? Pourquoi est-ce important ?

- Comment évoluent les personnages ? Quel est l'apport de cette évolution à l'interprétation de la pièce ?
- Cette pièce pourrait-elle renvoyer à la société actuelle ? Pourquoi ?

Votre avis nous intéresse !
Laissez un commentaire sur le site de votre librairie en ligne
et partagez vos coups de cœur sur les réseaux sociaux !

POUR ALLER PLUS LOIN

ÉDITION DE RÉFÉRENCE

- IBSEN H., *Une Maison de Poupée*, Paris, Le Livre de Poche, 2002, 156 p.

ÉTUDES DE RÉFÉRENCE

- GARCÍA MAY I., Prologue de *Casa de muñecas* et de *Solness le constructeur* de Henrik Ibsen, Madrid, Nórdica

- HEMMER B., *Ibsen and the realistic problem drama* dans *The Cambridge Companion to Ibsen*, James McFarlane, Cambridge University Press, Cambridge, 1994

LECTURES RECOMMANDÉES

- FINNEY G., *Ibsen and feminism* dans *The Cambridge Companion to Ibsen*, James McFarlane, Cambridge University Press, Cambridge, 1994

- WILLIAMS S., *Ibsen and the theatre 1877-1900* dans *The Cambridge Companion to Ibsen*, James McFarlane, Cambridge University Press, Cambridge

ADAPTATIONS

Comme expliqué auparavant, cette œuvre est la plus représentée des pièces écrites par l'auteur et l'une des plus représentées dans le monde. C'est pourquoi la liste que nous proposons n'est pas exhaustive et ne concerne qu'une brève sélection des représentations les plus renommées.

- *A Doll's House.* Réalisé par Charles Huddleston, avec Ben Kingsley et Michele Martin. États-Unis : Alterna, 2018.

Le film est actuellement en préproduction.

- *A Doll's House.* Série télévisée réalisée par George Schaefer, avec Julie Harris et Christopher Plummer. États-Unis : 1959.

- *A Doll's House.* Série télévisée réalisée par David Thacker, avec Juliet Stevenson, Trevor Eve et David Calder. Royaume-Uni : 1992.

- *Chantaje a una esposa.* Réalisé par Joseph Losey, avec Jane Fonda, David Warner et Trevor Howard. Royaume-Uni et France : World Film Services, 1973.

- *Casa de muñecas.* Réalisé par Patrick Garland, avec Claire Bloom, Anthony Hopkins et Ralph

Richardson. Royaume-Uni : Elkins Productions, 1973.

- *Nora Helmer*. Série télévisée réalisée par Rainer Werner Fassbinder, avec Margit Carstensen. Allemagne de l'Ouest : 1974.

Retrouvez notre offre complète sur lePetitLittéraire.fr

- des fiches de lectures
- des commentaires littéraires
- des questionnaires de lecture
- des résumés

ANOUILH
- Antigone

AUSTEN
- Orgueil et Préjugés

BALZAC
- Eugénie Grandet
- Le Père Goriot
- Illusions perdues

BARJAVEL
- La Nuit des temps

BEAUMARCHAIS
- Le Mariage de Figaro

BECKETT
- En attendant Godot

BRETON
- Nadja

CAMUS
- La Peste
- Les Justes
- L'Étranger

CARRÈRE
- Limonov

CÉLINE
- Voyage au bout de la nuit

CERVANTÈS
- Don Quichotte de la Manche

CHATEAUBRIAND
- Mémoires d'outre-tombe

CHODERLOS DE LACLOS
- Les Liaisons dangereuses

CHRÉTIEN DE TROYES
- Yvain ou le Chevalier au lion

CHRISTIE
- Dix Petits Nègres

CLAUDEL
- La Petite Fille de Monsieur Linh
- Le Rapport de Brodeck

COELHO
- L'Alchimiste

CONAN DOYLE
- Le Chien des Baskerville

DAI SIJIE
- Balzac et la Petite Tailleuse chinoise

DE GAULLE
- Mémoires de guerre III. Le Salut. 1944-1946

DE VIGAN
- No et moi

DICKER
- La Vérité sur l'affaire Harry Quebert

DIDEROT
- Supplément au Voyage de Bougainville

DUMAS
- Les Trois Mousquetaires

ÉNARD
- Parlez-leur de batailles, de rois et d'éléphants

FERRARI
- Le Sermon sur la chute de Rome

FLAUBERT
- Madame Bovary

FRANK
- Journal d'Anne Frank

FRED VARGAS
- Pars vite et reviens tard

GARY
- La Vie devant soi

GAUDÉ
- La Mort du roi Tsongor
- Le Soleil des Scorta

GAUTIER
- La Morte amoureuse
- Le Capitaine Fracasse

GAVALDA
- 35 kilos d'espoir

GIDE
- Les Faux-Monnayeurs

GIONO
- Le Grand Troupeau
- Le Hussard sur le toit

GIRAUDOUX
- La guerre de Troie n'aura pas lieu

GOLDING
- Sa Majesté des Mouches

GRIMBERT
- Un secret

HEMINGWAY
- Le Vieil Homme et la Mer

HESSEL
- Indignez-vous !

HOMÈRE
- L'Odyssée

HUGO
- Le Dernier Jour d'un condamné
- Les Misérables
- Notre-Dame de Paris

HUXLEY
- Le Meilleur des mondes

IONESCO
- Rhinocéros
- La Cantatrice chauve

JARY
- Ubu roi

JENNI
- L'Art français de la guerre

JOFFO
- Un sac de billes

KAFKA
- La Métamorphose

KEROUAC
- Sur la route

KESSEL
- Le Lion

LARSSON
- Millenium 1. Les hommes qui n'aimaient pas les femmes

LE CLÉZIO
- Mondo

LEVI
- Si c'est un homme

LEVY
- Et si c'était vrai…

MAALOUF
- Léon l'Africain

MALRAUX
- La Condition humaine

MARIVAUX
- La Double Inconstance
- Le Jeu de l'amour et du hasard

MARTINEZ
- Du domaine des murmures

MAUPASSANT
- Boule de suif
- Le Horla
- Une vie

MAURIAC
- Le Nœud de vipères

MAURIAC
- Le Sagouin

MÉRIMÉE
- Tamango
- Colomba

MERLE
- La mort est mon métier

MOLIÈRE
- Le Misanthrope
- L'Avare
- Le Bourgeois gentilhomme

MONTAIGNE
- Essais

MORPURGO
- Le Roi Arthur

MUSSET
- Lorenzaccio

MUSSO
- Que serais-je sans toi ?

NOTHOMB
- Stupeur et Tremblements

ORWELL
- La Ferme des animaux
- 1984

PAGNOL
- La Gloire de mon père

PANCOL
- Les Yeux jaunes des crocodiles

PASCAL
- Pensées

PENNAC
- Au bonheur des ogres

POE
- La Chute de la maison Usher

PROUST
- Du côté de chez Swann

QUENEAU
- Zazie dans le métro

QUIGNARD
- Tous les matins du monde

RABELAIS
- Gargantua

RACINE
- Andromaque
- Britannicus
- Phèdre

ROUSSEAU
- Confessions

ROSTAND
- Cyrano de Bergerac

ROWLING
- Harry Potter à l'école des sorciers

SAINT-EXUPÉRY
- Le Petit Prince
- Vol de nuit

SARTRE
- Huis clos
- La Nausée
- Les Mouches

SCHLINK
- Le Liseur

SCHMITT
- La Part de l'autre
- Oscar et la
  Dame rose

SEPULVEDA
- Le Vieux qui
  lisait des romans
  d'amour

SHAKESPEARE
- Roméo et Juliette

SIMENON
- Le Chien jaune

STEEMAN
- L'Assassin
  habite au 21

STEINBECK
- Des souris et
  des hommes

STENDHAL
- Le Rouge et
  le Noir

STEVENSON
- L'Île au trésor

SÜSKIND
- Le Parfum

TOLSTOÏ
- Anna Karénine

TOURNIER
- Vendredi ou
  la Vie sauvage

TOUSSAINT
- Fuir

UHLMAN
- L'Ami retrouvé

VERNE
- Le Tour
  du monde
  en 80 jours
- Vingt mille
  lieues sous
  les mers
- Voyage au
  centre de
  la terre

VIAN
- L'Écume des jours

VOLTAIRE
- Candide

WELLS
- La Guerre des
  mondes

YOURCENAR
- Mémoires
  d'Hadrien

ZOLA
- Au bonheur
  des dames
- L'Assommoir
- Germinal

ZWEIG
- Le Joueur
  d'échecs

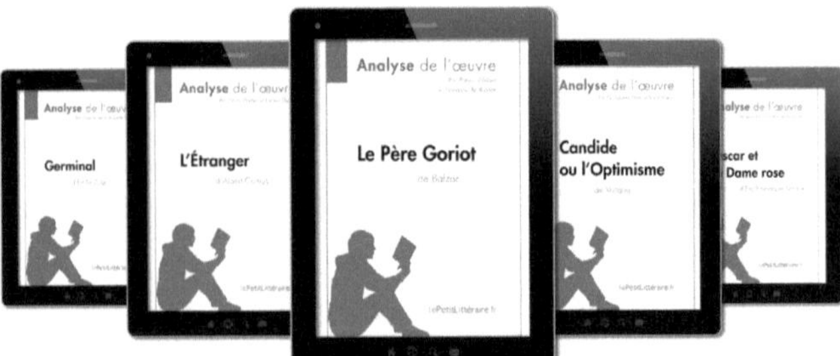

www.lepetitlitteraire.fr

ISBN version numérique : 9782808003667
ISBN version papier : 9782808003674

Dépôt légal : D/2017/12603/713

Conception numérique : Primento,
le partenaire numérique des éditeurs.

Ce titre a été réalisé avec le soutien de la Fédération Wallonie-Bruxelles, Service général des Lettres et du Livre.